SUR

DEUX DÉCLAMATIONS

ATTRIBUÉES À QUINTILIEN

NOTE POUR SERVIR À L'HISTOIRE DE LA MAGIE

PAR

M. EDMOND LE BLANT

EXTRAIT

DES MÉMOIRES DE L'ACADÉMIE DES INSCRIPTIONS ET BELLES-LETTRES

TOME XXXIV, 2ᵉ PARTIE

PARIS

IMPRIMERIE NATIONALE

LIBRAIRIE C. KLINCKSIECK, RUE DE LILLE, 11

M DCCC XCV

SUR DEUX DÉCLAMATIONS

ATTRIBUÉES À QUINTILIEN

SUR

DEUX DÉCLAMATIONS

ATTRIBUÉES À QUINTILIEN

NOTE POUR SERVIR À L'HISTOIRE DE LA MAGIE

PAR

M. EDMOND LE BLANT

EXTRAIT

DES MÉMOIRES DE L'ACADÉMIE DES INSCRIPTIONS ET BELLES-LETTRES

TOME XXXIV, 2ᵉ PARTIE

PARIS

IMPRIMERIE NATIONALE

LIBRAIRIE C. KLINCKSIECK, RUE DE LILLE, 11

M DCCC XCV

SUR DEUX DÉCLAMATIONS

ATTRIBUÉES À QUINTILIEN.

Il est, dans la littérature antique, chez les Romains surtout, une série d'écrits particuliers dont les légistes se sont seuls occupés jusqu'à cette heure. Je veux parler des *Declamationes*, types de plaidoyers composés pour des procès imaginaires et qui sont de simples modèles autrefois courants dans les écoles. À la valeur plus ou moins médiocre des pièces de cette nature, je n'ai pas à m'arrêter. Pour qui n'entend point y chercher un sujet d'étude, leur intérêt peut exister dans ce qu'on me permettra d'appeler le *scenario*, je veux dire l'invention des causes ordinairement singulières en vue desquelles on les supposait préparées. L'archéologue toutefois peut y trouver profit, car ces textes touchent par plus d'un point à des détails de la vie réelle. Ainsi en est-il pour la Déclamation attribuée à Quintilien et dont le titre est, *Le sépulcre enchanté* [1]. C'est un plaidoyer pour une femme qui intenterait contre son mari une action en mauvais traitements. L'avocat expose longuement l'affaire. Sa malheureuse cliente avait, dit-il, perdu un fils; mais, dans son

---

[1] *Declamatio* X.

immense douleur, une consolation lui était restée : chaque nuit, son enfant lui apparaissait, tel qu'il avait été en ce monde, brillant de beauté et de jeunesse. Tout d'un coup, ces chères visions ont cessé pour la pauvre affligée, et ses nuits se passent dans les larmes. Un charme impie, des liens de fer ont, affirme-t-elle, enchaîné le défunt et l'ont replongé dans la mort. La faute en est au mari, qui a fait emprisonner l'âme, comme si la mère s'était plainte d'être inquiétée par des visions nocturnes. Appelé par lui, un magicien s'est courbé sur l'urne funéraire [1]; il a poussé des cris épouvantables, prononcé des paroles barbares; et maintenant, la terre, que l'on souhaite si légère aux êtres aimés, pèse sur l'âme du mort d'un poids qu'elle ne peut vaincre. L'enfant était-il donc l'un de ces misérables, ou criminels ou suicidés, dont on cherche à reléguer dans les enfers les spectres malfaisants? Que le magicien se laisse toucher par les larmes d'une mère; son métier est d'évoquer les âmes et non point de les enchaîner. Que l'impie contre lequel on demande justice ne craigne pas de voir apparaître le fantôme irrité de son fils; la pauvre âme saura bien, si elle est délivrée, qui l'attend et qui la désire. Ainsi parle la mère que l'on nous représente en pleurs devant le tribunal, les bras déchirés, ensanglantés, le visage et le sein meurtris. Le mari traite, dit-elle, de pures visions, d'hallucinations maladives, les apparitions qu'elle regrette; il est de ceux qui nient l'existence des âmes; tout, pour lui, périt avec notre corps et rien ne peut se dégager de nos cendres; c'est là une persuasion impie, une folie condamnée par les sages.

[1] § xv : « Mox in ipsam dicitur incubuisse pronus urnam. » Ce texte, soit dit en passant, permet de rétablir le mot *pro cubuisset* dans le vers de Tibulle I. v. 12 : « Carmine cum magico procubuisset anus », vers où les éditeurs avaient arbitrairement proposé de lire : « Carmine cum magico procinuisset anus ».

Tel est ce plaidoyer, dont chaque trait se retrouve dans ce qui nous est connu des anciens : les dissentiments sur l'existence des mânes [1], l'espérance, le vœu de revoir en songe ceux que l'on a perdus [2], la crainte d'être visité à l'heure des ténèbres par des âmes irritées ou criminelles, comme le furent celle de Virginie, victime de Claudius [3], et celle de Néron, qui, pendant de longs siècles, épouvanta toute une région de Rome [4].

Rien de plus redouté chez les anciens que les apparitions de cette sorte. Ceux-là que hantaient les âmes en peine ou les spectres ennemis demeuraient frappés de frayeurs, d'insomnies et de maux qui les menaient rapidement à la mort. Tel était le pouvoir malfaisant des mânes, trop souvent acharnés à appeler les vivants dans leur sombre royaume et que l'on essayait de fléchir par des sacrifices et des prières [5]. « Furcia Flavia, lisons-nous sur une tombe, Furcia, toi, ma dame et ma maîtresse, tant que je vis, je t'adresse mon hommage. Ce que l'on fera après moi, je ne le sais. Épargne ta mère, ton père et ta sœur, afin qu'ils puissent, quand je ne serai plus, te faire aussi des

[1] Juven. *Sat.* II, v. 149, 152 :

> Esse aliquos manes et subterranea regna
>
> . . . .
>
> Nec pueri credunt, nisi qui nondum ære lavantur.

Senec. *Epist. XXIV* : « Nemo tam puer est ut Cerberum timeat, et tenebras, et larvalem habitum nudis ossibus cohærentium; » *Corpus inscr. latin.* t. VIII, n° 404 : SET QVIA SVNT MANES SIT TIBI TERRA LEVIS; Tacit. *Agricola*, XLVI. Cf. ci-dessous, p. 356, notes 1 et 2, etc.

[2] Marini, *Arvali*, p. 266 : TVVM BENERABILEM VVLTVM LICEAT VIDERE SOPORE; *Corpus inscriptionum latin.* t. II, n° 4437 : LACRIME SI PROSVNT VISIS TE OSTENDE VIDERI; VELLITIS, dit-on ailleurs aux mânes, VELLITIS HVIC INDVLGENTISSIMI ESSE HORIS NOCTVRNIS VT EVM VIDEAM (Orelli, 4475). Cf. Propert. IV, 9; Burmann, *Antholog.* t. II, p. 110 et 200.

[3] Tit. Liv. III, LVIII.

[4] Visconti, *Bullettino della Commissione archeologica municipale*, 1877, p. 196.

[5] Horat. *Epod.* od. V, v. 89-96; Plin. *Epistolæ*, VII, 27; Virgil. *Énéi.* IV, 385, 386.

sacrifices [1]. » — « Danaé, dit-on à une autre morte, contente-
toi et jouis de la victime que je t'offre. Ne rappelle pas à toi
Eutychia, femme de Sotéricus [2]. »

L'idée qui domine dans la pièce attribuée à Quintilien est
la préoccupation des attentats des magiciens contre le repos des
morts. Ce n'était pas seulement en effet pour écarter les cher-
cheurs de trésors que l'on faisait garder les tombes [3]. Hébreux,
Grecs et Romains croyaient à d'autres dangers. Les nécroman-
ciens fouillaient les sépultures pour en arracher des restes hu-
mains, éléments principaux de leurs conjurations. Vingt textes
classiques en témoignent. Au moment où Germanicus fut atteint
d'une maladie mortelle, on avait trouvé sous la terre, autour
de son palais, des lames de plomb où se lisait le nom du jeune
prince, des charmes et des débris de cadavres, toutes choses

D   M
AVRELIVS FESTVS FVRIAE
FLAVIAE FILIASTRAE·BENE
MERENTI ❦ ET DOMINE·ET·PA
TRONAE ❦ QVAMDIVS VIVO CO
LO TE POST MORTE NESCIO PARCE
MATREM TVAM ET PATREM ET SORO
REM TVAM MARINAM VT POSSINT TIBI FACERE
POST ME SOLLEMNIA

Henzen, Annali dell' Instituto di corrispondenza archeologica.
1846, p. 309.)

DANAII·ANCILLA NOICIA
CAPITONIS·HANC OSTIAM
ACCEPTAM HABIIAS
IIT·CONSVMAS·DANAII
NII HABIIS IIVTYCHIAM
SOTHRICHI·VXORIIM

Henzen, Bullettino dell' Instituto di corrispondenza archeol.
1859. p. 77.)

[3] Orelli, n°° 4367-4369; Jacutius Bonusæ et Mennæ titulus, p. 45.

faites, croyait-on, pour dévouer les vivants aux divinités infernales[1].

Là ne se bornait pas la malfaisance des magiciens. Ils savaient par leurs enchantements, par la vertu de certaines formules obscures[2], évoquer les morts et les forcer à apparaître. Ainsi parlent Virgile, Ovide, Properce, Tibulle, Apulée et d'autres encore[3]. Si les poëtes, les romanciers étaient seuls à le dire, leurs témoignages n'auraient peut-être qu'une assez faible valeur; mais des autorités plus graves nous apprennent combien étaient nombreux les adeptes de la nécromancie. Pour ne parler ici que du monde romain, Cicéron compte parmi eux Appius et Vatinius; Tacite nomme Libo Drusus; Suétone : Néron; Dion Cassius : Caracalla[4]; puis, lorsque les temps s'avancent, des lois terribles sont édictées contre ceux qui osent troubler ainsi le sommeil des défunts et violenter leurs âmes[5].

Qu'il n'existe pas ailleurs que dans les textes des marques de la croyance à ce pouvoir maudit, serait, à coup sûr, chose étrange. Quand la pythonisse d'Endor le fit apparaître devant Saül, le spectre de Samuel dit au roi épouvanté : *Quare me inquietasti ut suscitarer*[6] ? N'être pas inquiété dans la tombe, échapper à des conjurations impies, tel était le vœu de plus

---

[1] Tacit. *Annal.* II, 69; Dio Cass. LVII, 18; voir de plus le Pseudo-Quintil. *Declamatio XV*; Stat. *Thebaid.* l. IV. v. 507; Apul. *Metam.* edit. Oudendorp. l. II. p. 139, 140, 144; l. III, p. 206; S. Chrysost. *Homil. XXXVII in Matth.* § 7, etc.

[2] *Nouveau Recueil des inscriptions chrétiennes de la Gaule*, p. 364, etc.

[3] Virgil. *Egl.* VIII, 98; *Æneis*, IV, 490; Ovid. *Metam.* VII. 107; Propert. *Eleg.* IV, 1; Tibull. I, n. 47; Apul. *Metam.* I, p. 37; Tertull. *Apol.* XXIII; *De anima*, VII. — Héliodore (*Theag. et Chariel.* VI. 14) Apulée (*Metam.* II. p. 162) et d'autres ont décrit de ces scènes d'évocation.

[4] Cicer. *Tuscul.* I. XVI; *Contra Vatinium*, V; Tacit. *Annal.* II. 28; Suet. *Nero*, XXXIV; Dio Cass., LXXVII, 23.

[5] Const. 9, *De maleficiis* : « Manibus accitis audent ventilare » (*Cod. Theod.* IX. XVI; Const. 3. De indulgentia criminum : « In mortuos veneficus »; Const. 8 : « Qui quiescere mortuos non sivit » *Ibid.*, IX. XXXVIII; Amm. Marcell., XIX. 12.

[6] I *Reg.* XXVIII. 15.

d'un. On s'ingéniait à garantir contre ce péril le repos des morts. Des clous magiques, chargés d'images et d'inscriptions bizarres, étaient placés près d'eux pour les garder[1] ; certaines figures, que les anciens croyaient puissantes contre les enchantements, se déposaient dans les tombeaux parmi d'autres amulettes[2] ou se gravaient sur les marbres funéraires. Telles sont les images spinthriennes qui accompagnent deux épitaphes trouvées à Acra[3] et à Rome, épitaphes dont la dernière, signalée par Paciaudi, présente en outre une formule destinée à faire respecter la tombe[4].

Je viens de parler des figures magiques jointes aux sépulcres afin de garantir les morts contre les attaques de la sorcellerie. Il en est un type intéressant sur un monument encore non expliqué, bien que connu et publié depuis plus de trente ans[5]. C'est la stèle funéraire d'un soldat mort en Afrique et qui, au bas de son épitaphe, fit graver un des groupes cabalistiques fréquemment représentés sur les amulettes[6]. Au milieu se

---

[1] Minervini, *Novelle Dichiarazzioni sopra un antico chiodo magico*, 1846, in-8° ; Henzen, *Annali dell' Instit. di corrisp. archeol.*, 1856, p. 216 ; Jahn, *Ueber den Aberglauben des Bösen Blicks* (*Berichte der Königl. Sachs. Gesellschaft*, 1855, p. 105) ; Bruzza, *Iscrizioni antiche Vercellesi*, Introd. p. 11 ; Saglio, *Dict. des antiq. gr. et rom.*, au mot *Clavus*.

[2] Bruzza, *Annali dell' Instit. di corrisp. archeol.*, 1881, p. 291.

[3] *Corpus inscr. graec.*, n° 5464 : « ΚΑΙ CY, in anaglypho repraesentante leonem alatum quem pro phallo agnovit Indica. » On sait que les formules ΚΑΙ CY, ET TV se rencontrent fréquemment sur les tombes. C'est la reponse que le mort est censé faire au passant qui lui parle. *Bullett. dell' Inst. archeol.*, 1869, p. 55 ; Jahn, *Specimen epigraphicum*, p. 66 et 141 ; Orelli, n° 4753 ; Cavedoni, *Marmi Modenesi*, p. 234, 235.)

[4] Paciaudi, *Monumenta Peloponnesia*, t. I, p. 304. — À cette série de monuments appartient peut-être aussi le sarcophage à figures obscènes du musée secret de Naples.

[5] *Revue archéologique*, 1863, t. I, p. 293 ; Renier, *Inscriptions de l'Algérie*, n° 3585 ; *Corpus inscriptionum latinarum*, t. VIII, n° 9057.

[6] Jahn, *Berichte über die Verhandlungen der Königlch. Gesellschaft der Wissenschaften zu Leipzig*, 1855, pl. III ; Winckelmann, *Description des pierres gravées du baron de Stosch*, p. 554, n° 127 ; Arneth.

trouve le « mauvais œil » l'*oculus invidiosus*, entouré d'un cercle
d'ennemis qui le tiennent en respect et le menacent : le coq, le
serpent, le scorpion, et une autre figure difficile à reconnaître.

Quelle a pu être la pensée de celui qui s'est fait préparer
cette tombe? Aura-t-il voulu se garder de ceux contre lesquels
les talismans avaient, croyait-on, quelque puissance : les sor-
ciers, violateurs des corps et tourmenteurs des âmes? Je ne
saurais m'en porter garant; mais, à juger de la terreur que ces
hommes inspiraient aux anciens, je ne puis me défendre de
croire à des précautions prises contre les œuvres de la magie,
redoutable aux morts comme aux vivants.

Peut-être en était-il de même en ce qui touche une inscription de caractère gnostique trouvée au XVIᵉ siècle à Vars, près
d'Angoulême, et qui, remarquée, publiée dès l'heure de sa découverte, semble être maintenant tombée en oubli.

Un savant commentateur d'Ausone, Élie Vinet, raconte
qu'en 1541 on rencontra, en fouillant profondément le sol, un
massif de grandes pierres fermé d'un couvercle et contenant un
cercueil de plomb[1]. Dans cette caisse reposait un corps humain
recouvert d'une mince pellicule, reste d'une étoffe qui s'affaissa
et disparut subitement au contact de l'air. Le squelette resta
seul entier. A la hauteur du cœur était, dans des débris pou-
dreux, une petite lamelle d'or très mince plus longue que large
et pesant un demi-ducat. « Elle fut, dit l'auteur, exposée à Bor-
deaux dans la cour du collège d'Aquitaine[2], où le secrétaire de

---

*Monumenten des KK. Münz- und Antiken-
Cabinettes in Wien*, pl. LIV G, n° 69. —
Une amulette d'or de ce même type existe
au Cabinet des médailles (Inventaire,
n° 3026). Sur d'autres phylactères publiés
par M. Schlumberger, *Revue des études
grecques* (1892, p. 74 et 82), le mauvais œil,
au dessus duquel se lit le mot ΦΘΟΝΟC,
est de plus attaqué par trois poignards et
un trident.

[1] *Ausonii opera*, p. 463 F. Burdigalæ
1541, in-4°.

[2] « In media Gymnasii Aquitani
area. »

l'évêque d'Angoulême me la fit voir, cherchant partout quelqu'un qui pût expliquer ce qui y était écrit. On l'envoya ensuite au roi François et je n'en ai plus entendu parler. Elle était roulée, et, en la dépliant, on y vit cette inscription simplement tracée à la pointe, car le peu d'épaisseur du métal n'aurait pas permis de la graver :

```
A E H I O Y Ω
Ω Y O I H E A
E H I O Y Ω A
Y O I H E A Ω
H I O Y Ω A E
O I H E A Ω Y
I O Y Ω A E H
```

« Ce sont les sept voyelles grecques répétées sur sept lignes dans un ordre différent. Que quelque Pythagore devine le mystère caché dans ce carré. Quant à moi, je pense que le mort était un homme instruit et d'humeur joyeuse, se riant de ceux qui croyaient se rendre immortels par des épitaphes; il n'aura voulu laisser après lui que cette mince feuille d'or, pour faire chercher, à qui la trouverait, le sens des sept voyelles[1]. »

En rendant compte de la découverte, Vinet cite des personnes qui ont vu, comme lui, la petite lamelle de Vars : les gens de l'évêque d'Angoulême, son vicaire, son secrétaire, le poète Georges Buchanan et le prélat lui-même. Quoi qu'il en soit de ces témoignages et malgré la confiance que mérite le nom du

---

[1] Une relation française de la même découverte se trouve dans une rarissime plaquette publiée en 1567 par Élie Vinet sous ce titre : *Recherche de l'antiquité d'Engoulesme*, réimprimée en 1876 par le docteur Gigon. J'y vois (p. 23) que les ossements contenus dans la tombe de Vars ont été regardés par le populaire comme les restes de saint Jacques. Vinet répète que la feuille d'or était roulée, « pliée en rond, dit-il, et comme un fer d'aiguillette ». C'est ainsi que se trouvent dans les tombes antiques les minces feuilles de plomb à graffites toujours si difficiles à dérouler. (*Collection du musée Alaoui*, 1re série, p. 61, note 3.)

narrateur, il ne sera pas hors de propos d'examiner si sa note
n'a rien qui puisse provoquer le soupçon.

Je ne le pense pas pour ma part, si singulières que puissent
paraître tout d'abord ces paroles de Vinet : « Sublato ergo coper-
culo agnoscitur corpus humanum quod tegebatur quidem tenui
pellicula, araneae instar; sed quum lucem accepit, ea continuo
evanuit. Sola enim resisterunt ossa. » Plusieurs fois on a ren-
contré ainsi des cadavres encore couverts de vêtements qui,
après de longs siècles, présentaient, au moment où l'on ouvrit
les tombes, l'apparence d'une conservation inattendue. C'est là
un fait connu des antiquaires, et, pour n'en rapporter ici qu'un
seul exemple, je citerai la page dans laquelle le regrettable Noël
Des Vergers raconte la découverte d'une sépulture souterraine
de Vulci. « Jamais je n'oublierai, dit-il, l'impression que me fit
éprouver le spectacle qui s'offrit à mes yeux lorsque la lumière
de nos torches frappa ces voûtes. Tout y était encore dans le
même état qu'au jour où l'on en avait muré l'entrée. L'ancienne
Étrurie nous apparaissait comme au temps de sa splendeur. Sur
leurs couches funéraires, des guerriers revêtus de leurs armures
semblaient se reposer des combats qu'ils avaient livrés aux Romains et à nos ancêtres les Gaulois. Formes, vêtements, étoffes,
couleurs furent apparents pendant quelques minutes, puis tout
s'évanouit en même temps que l'air extérieur pénétrait dans la
crypte. Ce fut une évocation du passé qui n'eut pas même la
durée d'un songe. En nous rapprochant de ces frêles dépouilles,
nous ne trouvâmes plus que les armes, les bijoux, des ossements tombant en poussière et quelques fils d'or ou d'argent
dont les vêtements avaient été tissés [1]. »

[1] *Revue contemporaine*, mai 1862, p. 397, 398. Voir, de plus, Saulcy, *Jéru-
salem*, édition de 1882, p. 255; le doc- teur Giosse, *Saint-Pierre, ancienne cathé-
drale de Genève*, p. 37, 38; Genève, 1893, in-8°; et, pour ne rien négliger, les re-

Bien que Gruter l'ait cru devoir classer parmi les monuments faux [1], l'inscription de Vars ne me paraît point devoir être suspectée; et, si le savant Élie Vinet n'a pas su en reconnaître la nature, c'est que, de son temps, ces sortes de légendes n'avaient pas encore été étudiées. Aux yeux des anciens, ce groupe de lettres avait une vertu secrète dont quelques-uns prenaient ombrage. Alors que l'empereur Valens poursuivait avec tant de cruauté ceux que l'on soupçonnait de maléfice, un jeune homme fut mis à mort pour les avoir répétées en croyant se guérir ainsi d'une maladie [2]. Sur les amulettes, rien de plus fréquent que leur réunion dans des dispositions diverses [3]. Le livre consacré par Matter à l'histoire du gnosticisme en offre plusieurs exemples. La première des gemmes qu'il reproduit existe au Cabinet des médailles; les sept voyelles grecques y sont inscrites par sept fois, en sept lignes, dans un ordre différent [4]. Nous les retrouvons en tête d'un marbre célèbre qui mentionne les puissances surnaturelles protectrices des habitants de Milet [5]. Ainsi que sur la feuille d'or de Vars, elles sont rangées comme il suit au revers d'une amé-

---

...tions de la découverte du tombeau de sainte Cécile : une fine trame de soie, raconte-t-on, couvrait le corps, dont elle marquait la forme et l'attitude : « Alia vero supra martyris corpus serica levia tamen velamina posita, ipsaque depressa, situm ipsam et habitudinem corporis ostendebant. » — Baronius, *Annales ecclesiastici*, n 821, § 16.

[1] *Inscriptiones antiquæ*, t. II, *Spuria ac supposita*, p. XXI.

[2] Amm. Marcell. XXIX, 2 : « Visus adolescens in balneis admovere marmori manus utriusque digitos alternatim et pectori septemque vocales litteras numerasse ad stomachi remedium prodisse id arbitratus; in judicium tractus, percussus est gladio post tormenta. »

[3] Ficoroni, *Gemmæ litteratæ*, pars II, tab. IV; Passeri, *Thesaurus gemmarum astriferarum*, t. III, p. 265, 275; C. W. King, *Gnostics and their remains*, pl. K, n 4, etc.

[4] *Histoire critique du gnosticisme*, pl. I, fig. 1. Cf. fig. 7 et pl. VII, fig. 5, pl. VIII, fig. 7.

[5] *Corpus inscriptionum græc.* n 2895; Lebas, *Voyage archéologique en Grèce et en Asie Mineure*, Inscriptions de l'Asie Mineure, pl. XIII, n 4.

thyste cabalistique publiée par Jacques Spon d'après les notes
de Peiresc [1] :

<pre>
Λ Ε Η Ι Ο Υ Ω
Ε Η Ι Ο Υ Ω Λ
Η Ι Ο Υ Ω Λ Ε
Ι Ο Υ Ω Λ Ε Η
Ο Υ Ω Λ Ε Η Ι
Υ Ω Λ Ε Η Ι Ο
Ω Λ Ε Η Ι Ο Υ
</pre>

La signification de ces caractères, couramment employés par
les gnostiques [2] et qui correspondaient aux sept planètes, est
expliquée dans un des papyrus grecs du musée de Leyde. Leur
ordre direct, comme leurs renversements, représente un nom
ineffable [3], tout-puissant, composé de sept lettres (ἐπτάγράμματον) [4], celui d'un dieu qui, salué de cent appellations diverses [5], me paraît être Sérapis. C'est là ce que me donne à
penser un passage dans lequel Artémidore, l'interprète des
songes, tire un pronostic du nombre des lettres qui forment le
nom de cette divinité [6].

[1] *Voyage d'Italie, de Dalmatie, de
Grèce et du Levant*, édit. de 1678, t. III,
1re partie, p. 157.

[2] Bibliothèque nat., ms. du fonds français, n° 9530, f. 256, pierre portant d'un
côté ΑΒΡΑϹΑΣ ΛΕΙΗΟΥΩ et de l'autre
ϹΒΕΝΕΧΕϹΟΥ. Une pierre de ma petite
collection donne les sept voyelles et l'image
du démon Chnoubis avec l'inscription
ΟΡΩΡΙΟΥΘ.

[3] ΤΟ ΟΝΟΜΑ ΤΟ ΚΡΥΠΤΟΝ.
Montfaucon, *Antiquité expliquée*, t. II,
2e partie, pl. CXLVII.

[4] Leemans, *Papyri graeci musei Lug-
duno Batavi*, t. II, p. 17. Ὁ πᾶς Ἄγγελος
τὰ ἐπιπεμπόμενα ἀποδει ον ὄνομα σοι τὸ
κατὰ τῶν ζ Λεπιουσ, Ιχναπεχα, Ουερφνχ·

εἴρηκά σου τὸ ὄνομα ἔνδοξον ὄνομα τὸ κατὰ
πάντων τῶν χρειῶν. P. 19 : Τὸ ὄνομα σου
τὸ ἐπτάγράμματον, πρὸς ἁρμονίαν τῶν
ἐπτὰ φθόγγων ἐχόντων φωνάς. P. 131 :
Ἐπικαλοῦμαί σε, Κύριε, ᾠδικῷ ὕμνῳ, ὕμνω
σου τὸ ἅγιον κράτος κεπτουνσσον, etc. Voir,
pour le caractère musical des sept voyelles
grecques, une notice de M. Ruelle *Revue
des études grecques*, 1889, p. 38. Cf. De-
metrius, *De elocutione*, § 71, p. 34 (Alten-
burgi, 1779, in-8).

Leemans, t. II, p. 11.

Ἔλαβέ τις τὸ ὄνομα τοῦ Σαράπιδος
ἐγγεγραμμένον ἐπιδὶ χαλκῷ περὶ τὸν
τράχηλον δεδέσθαι ὥσπερεὶ σκυτίδα· συν-
αχθὴ ληφθεὶς, εἰς ἐπτὰ ἡμέρας ἀπέθανε.
Καὶ γὰρ χθόνιος ὁ θεὸς εἶναι νενόμισται.

J'ai parlé plus haut d'une tombe que l'on a voulu garantir de tout danger en gravant sur l'épitaphe certaines figures obscènes; j'ajoute qu'en ces dernières années on a découvert à Poitiers une chambre funéraire protégée à la fois par une formule d'imprécation, une amulette et une légende cabalistique [1]. Que l'inscription de la plaquette de Vars ait de même été destinée à écarter toute criminelle entreprise, j'incline à le penser, sans m'en porter garant, car on ne l'a peut-être mise dans la tombe que comme un phylactère appartenant au personnage qui y reposait. Quoi qu'il en soit, j'ai cru utile de rappeler un petit monument oublié depuis plus de deux siècles et qui est, que je sache, la seule trace matérielle relevée sur notre sol de ce gnosticisme contre lequel saint Irénée a combattu chez nous avec tant de vaillance.

Me voici bien loin, semble-t-il, du but direct de cette notice, l'examen de la *Declamatio* contre le père accusé d'un acte impie. Ma visée a été toutefois, je le répète, de montrer, par la comparaison des textes et des monuments, ce qui, dans ce discours imaginaire, répondait à des idées réellement répandues dans le monde romain, à l'existence ancienne de pratiques attentatoires au repos des morts.

Un autre plaidoyer de la même série a également son intérêt pour l'étude des siècles passés.

Un jeune homme s'était follement épris d'une femme perdue; accueilli tant que put durer le peu d'argent qu'il possédait, il se vit bientôt rebuté et la courtisane ne songea plus qu'à se délivrer de sa présence. Le faire chasser violemment, comme Callot

---

καὶ τὸν αὐτὸν ἔχει λόγον τῷ Πλούτωνι.
καὶ τὸ ὄνομα αὐτοῦ γράμματα ἑπτὰ ἔχει.
καὶ καθ' ὃ περιέκειτο, τὴν σκυτίδα μέρος,
κατ' ἐκεῖνο τὸ μέρος τοσαύτας ἀπέθηκε

Lib. V. somnium 26, éd. de Reiff. t. II. p. 407.

[1] *Nouveau Recueil des inscriptions chrétiennes de la Gaule*, p. 264 et 451.

nous le montre en réaliste dans l'histoire de l'enfant prodigue, aurait été chose inutile. La ténacité de l'amoureux eût résisté à cette épreuve. La femme songea qu'un breuvage savamment composé, une *potio odii*, comme on disait alors, pourrait changer en éloignement profond la passion qui l'importunait. Un magicien se chargea de lui fournir ce puissant moyen de délivrance. Il y réussit et le jeune homme perdit subitement toute force d'aimer, fût-ce même ses plus chers amis et ses proches.

Telle a été la fable imaginée par un rhéteur romain pour écrire deux plaidoyers : l'un contre la femme poursuivie en justice comme empoisonneuse, l'autre pour la défendre [1].

Un pareil thème n'avait rien dont pussent s'étonner les anciens. Plus d'une fois, ils demandaient ainsi à la sorcellerie d'inspirer à quelqu'un de l'aversion pour la personne qu'ils craignaient de lui voir aimer. L'incantation, le moyen qui devait y conduire, avait un nom que nous rencontrons souvent : c'était le μίσητρον, c'est-à-dire « le charme de haine ». Les formes en étaient diverses. Ici, comme sans doute dans une élégie de Properce [2], on a voulu parler d'un breuvage composé d'herbes et d'ingrédients magiques. Dans l'un des dialogues de Lucien, il s'agit d'autre chose. Une vieille femme — les pauvres vieilles étant toujours, bien entendu, le type classique de la sorcière — une vieille femme enseigne à une jalouse le moyen de faire haïr sa rivale. « Cherche à terre, lui dit-elle, la trace de ses pas, efface-les en mettant ton pied droit où elle a posé son pied gauche, ton pied gauche sur l'empreinte de son pied droit, et prononce ces mots : « Je marche sur toi; je suis au-dessus de toi [3]. » Il était encore d'autres secrets pour fermer

<hr>

[1] Pseudo-Quintilianus, *Declamationes XIV et XV*. — [2] L. I, eleg. XII. — [3] *Dialog. meretrici*, § 4.

le cœur d'un ami à l'influence de celles qu'on redoutait. Telles étaient les imprécations, les *exsecrationes* tracées sur de légères feuilles de plomb que l'on introduisait dans les tombes afin d'obtenir, par une intervention des puissances infernales, l'accomplissement de son désir[1].

Ainsi en est-il de ce petit texte trouvé à Rome, il y a plusieurs années, dans les ruines d'un des sépulcres de la voie Latine : « Comme celui qui repose ici et qui ne peut parler ni discourir, puisse Rhodiné n'être qu'une morte pour Licinius Faustus; puisse-t-elle perdre la parole! *Dis pater*, je t'en supplie, que Licinius Faustus haïsse pour toujours Rhodiné; qu'il haïsse également Vennonia Hermione et Sergia Glycinne[2]! »

Nos deux Déclamations ne parlent pas seulement des breuvages de haine; par deux fois, il y est fait mention des *amatoria*, philtres destinés à faire naître l'amour[3]. Si nous en croyons la défense présentée pour l'accusée, cette femme aurait, en donnant la *potio odii*, fait acte d'empoisonneuse et encouru ainsi la peine capitale[4]. Il en était de même pour les philtres, s'ils venaient à causer la mort, ainsi qu'il était advenu, disait-on, pour le poète Lucrèce[5]. Mortels ou non, ces breuvages étaient

---

[1] Pour le mode d'introduction de ces feuilles de plomb dans les tombes, voir le P. Delattre, *Revue archéologique*, 1888, t. XII, p. 151 et suivantes; *Corpus inscriptionum latinarum*, t. VIII, n° 4938.

[2] *Bullettino dell' Instituto di corrisp. archeol.*, 1852, p. 21. — Une *exsecratio* de même nature a été également signalée dans les *Annali di corrisp. arch.*, 1846, p. 311 : « Que Valeria Codratilla, y est-il dit, soit odieuse à Vetruvius Felix! »

[3] *Declamatio* XIV, § 3; *Declamatio* XV, § 7.

[4] *Declamatio* XV, § 14.

[5] *Eusebii Chronicon.*, éd. de Schoene, Berlin, 1866, t. II, p. 133 : « Titus Lucretius poeta nascitur qui postea amatorio poculo in furorem versus, cum aliquot libros per intervalla insaniæ conscripsisset, quos postea Cicero emendavit, propria se manu interfecit, anno ætatis XLIV. » D'après une tradition incertaine, le philtre aurait été donné à Lucrèce soit par une amante, soit par sa femme même, pour tenter de vaincre sa froideur. D'autres entreprises de même sorte sont mentionnées par Quintilien (*Instit. orat.* l. VII, c. VIII et, au moyen âge, dans des articles

tenus pour dangereux, car ils pouvaient mener à la folie[1], et
l'on discutait dans les écoles la question de savoir s'ils devaient
être considérés comme des poisons[2]. Avec les législateurs du
Haut-Empire, les empereurs chrétiens en condamnaient l'usage,
frappant de peines sévères ceux qui, de la sorte ou par quelque
autre pratique secrète, osaient troubler la paix des cœurs[3]. Il
était, croyait-on, pour cette œuvre maudite, des moyens nombreux et redoutables. Saint Chrysostome cite les charmes, les
breuvages, les libations et, dit-il, mille autres artifices[4]. Un
calomniateur accusait saint Augustin d'avoir, dans le pain sacré
des eulogies, donné quelque maléfice d'amour[5]. On nommait,
au temps de saint Hilarion, une jeune fille que ce pieux soli-
taire avait dû délivrer d'une passion insensée; sous le seuil de
sa porte, un magicien avait, suivant un vieil usage, enfoui des
plaques de cuivre couvertes de caractères et d'images cabalistiques[6].

Je viens de dire un mot des inscriptions rapidement tracées
sur ces feuilles de plomb que l'on introduisait dans les sépulcres
pour dévouer un ennemi, une rivale à la haine de ceux qui
pourraient l'aimer. C'était, de même, à l'aide d'une puissance
infernale que l'on avait fait appel en déposant dans des tombes
de l'Afrique ces vœux de deux cœurs épris :

« Que Successa brûle et se consume pour Successus[7]! »

« Que Sextilius, fils de Dionysia, soit dévoré d'amour pour

étranges inscrits aux livres pénitentiels
(*Corrector Burchardi*, c. CLIX. CLX. CLXI.
CLXIV, dans Wasserschleben, *Die Bussord-
nungen*, p. 660, 661, 664).

[1] Suéton, *Caligula*, c. L.

[2] Quintilian, *De instit. orat.* l. VII,
c. III in fine.

[3] Paul, *Sentent.* V, XXIII, 14; *Const.* 3,
De maleficis et mathematicis (*Cod. Theod.*
l. IX, tit. XVI).

[4] *Homil. XXIV in Ep. ad Romanos*, § 4.

[5] *Contra Petilianum*, III, 16.

[6] S. Hieronym, *Vita sancti Hilarionis*,
c. XVI.

[7] *Corpus inscriptionum latin.* t. VIII,
n° 12507.

moi; qu'il en perde la parole et le sommeil; qu'il brûle dans son esprit, dans son cœur et dans tout son être[1]! »

Les textes antiques ne sont pas seuls à nous apporter, et en grand nombre, les preuves d'une folle croyance à des moyens secrets de faire naître l'amour. Je les retrouve, plus étranges encore, quand vient le moyen âge, dans les formules des Pénitentiels[2], et, bien près de nous, dans les traités des sortilèges auxquels se réfère longuement le savant prêtre Jean-Baptiste Thiers[3]. Les vieux écrits connus sous le nom de *Lapidaires*, et où sont énumérées les nombreuses vertus des pierres précieuses, en citent une, appelée *géracite*, qui avait, disait-on, la puissance de faire aimer son possesseur[4]. De celle-là peut-être, ou de quelque autre de même sorte devait être, dans la pensée des contemporains de Pétrarque, le chaton d'une bague dont il raconte l'histoire, singulière addition aux légendes imaginées sur la vie de Charlemagne[5].

Si authentiques et si nombreux que soient les autres textes que j'ai cités plus haut, on se prend tout d'abord à hésiter devant l'étrangeté de leur témoignage : la croyance au pouvoir de la magie sur les cœurs était-elle aussi générale qu'ils le donnent à penser? En douter serait présumer trop de ce que fut autrefois la raison humaine. Dans ce qui nous est connu des anciens, les vers de Théocrite, ceux de Virgile et d'Horace, les déclamations des rhéteurs, les inscriptions, les lois romaines, les écrits des Pères de l'Église, les Pénitentiels du moyen âge, le Grimoire attribué au pape Honorius, tout, jusqu'aux rêveries du XVIIe et du XVIIIe siècle, atteste la vitalité d'une superstition

[1] *Collections du musée Alaoui*, t. I, p. 58.

[2] Ci-dessus, p. 18, note 5.

[3] *Traité des superstitions*, éd. de 1741, IV, p. 460 à 467.

[4] Pannier, *Lapidaires français des XIIe, XIIIe et XIVe siècles*, p. 56, 138, 169; Jean de Malleville, *Le lapidaire en françoys*, éd. de Lyon, au mot *Gratices*.

[5] *Franc. Petrarchæ epistolæ*, lib. I, ep. III.

si singulière[1]. Au milieu de ce courant d'erreurs, la sagesse pourtant se fait jour. C'est par cette parole d'un vieux philosophe grec, que Victor Hugo a faite sienne dans un de ses plus charmants couplets : « Il est un secret pour être aimé sans breuvages, sans herbes magiques, sans incantations de sorcières. Si tu veux qu'on t'aime, sache aimer[2]. »

[1] Theocrit. *Idyll.* ii; Virgil. *Egl.* viii; Horat. *Epod.* od. V, 35, XVII, 79; Quintil. *Instit. or.* VII, 2; Pseudo-Quintil. *Declam.* 385; *Gremoire du pape Honorius*, éd. de 1670, avec l'indication fictive de Rome, p. 54 et 73, et les textes cités plus haut.

[2] Seneca. *Epist.* ix; Victor Hugo, *Les Rayons et les Ombres*, XXIII.

www.ingramcontent.com/pod-product-compliance
Lightning Source LLC
LaVergne TN
LVHW012156170726
843503LV00009B/4213